천연스럽게

고요아침 운문정신 060

천연스럽게

한복결 시조집

고요아침

| 시인의 말 |

이제

시를 읽으면

띄어진 행간을 읽는다

나만의 운율로

2022년 7월
한복결

| 차례 |

시인의 말　　　　　　　　　　　　05

제1부

누름돌　　　　　　　　　　　　　13
맨홀　　　　　　　　　　　　　　14
바위의 사랑　　　　　　　　　　　15
엄마, 그리움　　　　　　　　　　　16
개발　　　　　　　　　　　　　　17
천연스럽게　　　　　　　　　　　18
연경당　　　　　　　　　　　　　19
하늘 향한 두 귀　　　　　　　　　20
적寂　　　　　　　　　　　　　　21
사랑　　　　　　　　　　　　　　22
아만我慢 부스러기　　　　　　　　23
편지　　　　　　　　　　　　　　24
금강은행나무　　　　　　　　　　25
고드름 기도　　　　　　　　　　　26
밀회　　　　　　　　　　　　　　27

제2부

민들레 세상	31
마재마을 봄밤	32
아주 먼 곳에 너를 보내고	33
목포, 다시 시작이다	34
유혹	35
글 공방	36
별이 된다는 것	37
원고지	38
시어	39
기억	40
이별	41
멋	42
돌의 대화	43
비어飛魚	44
썸	45

제3부

지구 세입자	49
오월에	50
코로나 펜데믹	51
2020 기이한 연말	52
대선	53
뉴 노멀	54
물레눈	55
추억, 휴대폰 사진첩	56
모래알	57
2022. 4. 25. 0시	58
자아도취	59
자존심	60
보시를 인수분해하다	61
해	62

제4부

서초역 예수님	65
해후	66
어느날 갑자기	67
UP	68
비원悲願	69
분노	70
사랑	71
후원後園	72
항아리	73
새벽 백련암	74
삼엽문 매병	75
고개를 숙이다	76
연	77
무한無限	78
해설_ 묘사와 상징, 새로움과 가락 사이의 시/이지엽	79

제 1부

누름돌

물살 위에 은빛 윤슬
옥시글대는 노래 듣다가

지금은 어둠 속
들뜬 이들 다스리지

세상의 날개와 구름
눌러주고
죽여주고

맨홀
― 손장원 교수*

수없이 밟히면서 주목받지 못해도

묵묵히 자신의 역할

자리를 지킨다

뚜껑은 뚜껑이 아니다

몸이 곧 역사다

* 건축학과 교수. 맨홀 뚜껑에 대한 연구.

바위의 사랑

끝없이 밀려온다 하얀 포말 꼬리 물고

서서 오고 깨금발로 오고, 두 팔 벌려 오고 손에 손잡고 오고 하얀 수건 뒤집어쓰고 다 줄 것처럼 달려와, 쏴아악 가쁜 숨 뿌리며 모래 위에 꽃 피우고 매섭게 때리고는 달아난다 멀거니 시치미 뗀다

서럽다,
상처 난 바위는 늘, 따라가지 못해서

엄마, 그리움

"누나아! 엄마가 해 준 돼지 불고기 먹고싶어"
내 귀는 엄마가 보고 싶어라고 듣는다
머리가 하얀 막내 동생이 검은 머리 엄마 부른다

개발

비 온 후
동산을 얼싸안고 피어오르는
안개의 몸짓을 보는 호사는 옛 얘기 됐다
높다란 건물 사이로
조
각
난
푸른 하늘

천연스럽게

동산이 담을 넘어
들어와 후원되고
후원이 담을 넘어
나가면 산이 된다
담장 안
홍매화 나무
먼 산 눈 맞춘다

담장 밖 돌대길에
푸른 이끼 촉촉하다
이끼는 나무 감싸고
나무는 바람을 안고
호젓한
솔바람 소리소리
두 귀에 모이고

연경당

깊숙한 숲 육간대청 스란치마 사르르 끌고

조용한 서재를 도도히 훔쳐보며

부스럭
책장 넘기시는가
밝은 뜰을 감싸고 있다

* 비원의 연경당.

하늘 향한 두 귀

11월 가을 소리 빗소리에 젖는 운치
낙엽을 즈려밟고 뜰 앞에 선 슬픔이여
부연 끝 하늘로 향한 두 귀 사뿐히 들고 있다

적寂

코도 없고 입도 없는
못생긴 돌들의 괴괴한 자태

돌의 마음을 이해하고
돌에서 배우고
돌과 대화하고
돌을 사랑하고
돌을 외경하고

드디어 돌 앞에 무릎 꿇고 절을 하게 된다

사랑

밝은 창가 수틀마다 오색비단실 올올이
무수한 갈등과 정념의 바늘 꽂는 순간
서리꽃 얼룩진 자리 순결이 스치고

담 넘어 솟아난 자줏빛 괴석들은
들판의 말갈기가 남겨준 우상일까
강 건너 언덕을 넘어 보랏빛 바람 인다

아만我慢 부스러기

1.
춥다, 추울리 없는 햇볕 따가운 초가을

피부의 상처는 하루에 1mm씩 아문다는데
마음의 상처는 얼마큼 시간이 필요한 걸까

저물녘 관문사 부처 앞 오두마니 앉았다

2.
실눈 뜬 자애로운 미소로 심사를 맑혀야 하느니

그나마 이마저도 무겁고 선 마음 떼어 놓고 법당문 닫는다

그림자 마당에 누인 나뭇잎만 흔들린다

편지

슬픔이 파도처럼 밀려오면 혼자 오기를
아무도 침범 못 하는 가파른 산으로
시원한 바람 이고 있을게
언덕 넘어
산정에서

금강은행나무

한 줄기 바람에 흩날리는 금박의 군무
풍장에 몸을 던져 마지막 의식 치르는가
켜켜이 아쉬움을 쌓아 금강경을 읽는다

몇백 년 한 자리서 분절하며 이어가는
강건한 나무 나이테 생의 행간 축제일까
샛노란 카펫 밟으며, 은행잎 법문 끝이 없다

고드름 기도

눈 쌓인 향적암 뒷산 위에 시린 달
함박눈 모든 것 덮고 그 만월 굽어본다
삼천 배, 절절한 아픔 상처가 선연하네

아득한 곳에서 나뭇가지 부러지는 소리
무게를 이기지 못해 이제 막 손을 놓는 걸까
투두둑 간헐적으로 떨어지는 눈송이들

밤사이 기도문이 고드름으로 녹는 걸까
요사채 마루 끝에 앉아 양손으로 받아보네
어둠을 말갛게 닦을 겨울 별이 쏟아진다

밀회
— 신윤복의 四時長春

꽃가지 어우러지는 짙은 봄날의 한때

몸종은 술병을 쟁반에 받쳐 들고
엉거주춤 머뭇거리고
꼭 닫힌 별당 안에서는 으밀아밀
달 뜨는지 별 뜨는지 홍야홍야

댓돌 위
고운 신 하나
흐트러진
신 하나

제2부

민들레 세상

자세를 낮춰서 꽃을 피우더니만
밟힐까, 두려움 감추고 밝게 웃으며
씨앗은
높이 키워서 넓은 세상으로 보낸다

마재마을 봄밤

　한낮을 채우던 상춘객 돌아간 봄밤

　을축년 대홍수도 비껴간 사암* 누가 남아 있어 그의 뜻을 받을 건가 받을 것인가, 여보게 달을 보고 술을 마시고 싶으면 달이 뜬 오늘 밤을 놓치지 말게* 담장 아래 진심 어린 수국에 달빛이 내려앉고

　유적지 풀벌레 소리 한서선漢書選을* 펴든다

---

* 자찬 묘지명의 호. 훗날 자신의 뜻에 공감해주기를 기다린다는 뜻.
* 다산의 시.
* 정조가 보낸 책.

아주 먼 곳에 너를 보내고

들국화가 노랗게 웃음을 터뜨렸다

환한 꽃의 네 얼굴, 내 눈은 흐려지고

황혼 녘
가을바람에
마음이
애리다

목포, 다시 시작이다

어떻게 변했을까
기억을 더듬어 간다
퍼붓는 빗속에서
헤어졌던 갯내음
희미한 한 조각 그림
저며 안고 찾은 그곳

햇볕이 웃으면서 슬몃 마중 나왔다
몰라볼까 그 흔한 성형도 하지 않고
그 자리 그대로 지키며 한눈을 팔고 있다

그날의 젖은 옷 모두 벗어 버리고
바람에 씻은 듯 들국향 온몸 흔들며
눈 감고 어제 일처럼 포근하게 안아준다

유혹

들판에 바람을 풀어 두라며* 청계산을 오른다

이겨내지 못하고 뿌리째 뽑힌 소나무가 누워 있다
단숨에 훑고 지나가는 보이지 않는 손, 밀쳐내는
나뭇가지, 붙들고 칭얼대지 않고 붙든다고
빌붙어 살지 않는다

순간을 흔들어 놓고 떠나버리는 저 가벼움!

* 릴케 〈가을날〉.

글 공방

한참을
기웃거리던
공방에 취직했다

수많은 원석에 묻혀 나도 돌이 되고 있다

수수한
보석을 찾아
하나뿐인
세공을 위해

별이 된다는 것

커다란 검은 도화지 불빛을 방치하다
순식간 강으로, 떨어지다 사라지는
여름밤 어린 시절 별 보듯
하늘을 다시 본다

아직도 그때처럼 별과 나는 아주 멀다
불꽃이 흐트러질 때 짐 하나씩 내려놓고
십자가 가슴 깊은 곳
별이 되어 박힌다

원고지

방황은
배가 되어 항해를 준비했다

하늘과 바다 사이 한몸 같은
수평선

칸칸에
상처와 사랑
다 담을 수 있겠다

시어

수많은 언어가 날아와 타이핑하듯

바람과 하나 되어
일렁이는 물의 살결

꼭짓점
잡고 일으키며
표절하고 모방한다

기억

한겨울 섬 아닌 섬
서늘한 적막이다
주변을 수놓았던 꽃과 풀은 숨죽이고
울창한 소나무 숲은 증언하듯 버티고 있다

매서운 겨울바람
숲을 훑고 지나가자
작은 새 한 마리 가여운 날갯짓
청령포, 순백의 카펫 하늘의 눈물이다

이별

주변의 나무는 연이어 내린 비로
말끔히 몸을 씻고는 수박색 옷 걸치고
고운 빛 여름 하늘을 천천히 끌고 간다

바위를 툭툭 치며 지나가는 물 웃음
서쪽으로 가라앉는 노을빛 찻잔에 담고
무성한 팔월 한 날이 돌아보며 저문다

멋

초겨울 안개비에 젖고 있는 무량수전
그리움에 지친 듯 해쓱한 얼굴이다
가까이,
멀찍이 보아도 너그럽고 의젓한 자태

돌의 대화

범영루 발밑에 돌각담 숨소리에
돌아보니 지지리 못생긴 크고 작은 돌
의좋게 꼬옥 껴안고 주거니 받거니

창창한 송림에선 바람 없는 솔바람 소리
이었다 끊겼다 탑돌이 하고 있는데
달빛은 석가탑 보며 아사녀에게 속삭이네

비어 飛魚

수많은 물고기 꼬리 들고 장난치며
즐겁게 물속에서 해작이며 노는데
한 마리, 작은 지느러미 펼치고 날아오른다

짧은 순간 자유로운 공기를 숨 쉬고
숙명을 뛰어넘고 새가 되고 있다
스치는 순간이나마, 한순간은 곧 영원이다

썸

1.
비로소 잃었던 시력을 찾았다
멎었던 심장에 피가 돌기 시작하며
뭉근한 체온을 안고 모든 세포 리셋되었다

2.
갑자기 아무것도 보이지 않더니
피가 멈추었고 세상이 바뀌고
시어詩語가 모두 방전됐다 아뜩해진다

제3부

지구 세입자

주인 행세 하다가 대재앙 자초했다

집주인 세입자를 내보내면 어쩌나

누군가 임대계약이 삼백 년도 안 남았단다*

* 유발 하라리 〈사피엔스〉에서 주장.

오월에

초록은 짙어가고 강해지는 햇살에

그늘의 맑은 눈이 그리운 오월 끝자락

싱싱한

물길을 연다

귀 대면

가만 들린다

코로나 펜데믹

밥 먹는 것 일하는 것
모든 것이 파일 명이다
만물과 연애할 것이다
자유롭게 볼 것이다
계절을
시집으로 묶는다
얼굴 보며
웃을 일이다

2020 기이한 연말

좋아하는 사람들과 자주 가던 '부엌' 문앞
바람에 간신히 버티고 있는 감사 메시지
뜯어낸 인테리어 내부, 주인의 가슴 속 본다

추위에 어디로 갔을까 불은 가져갔나
폐업과 연달아 붙어 있는 임대 표지
신사동 가로수길은 자가격리 중이다

대선

땅 밑에서 울리는 세계의 지각변동
이 소리를 후보들은 아무도 모른다
시장은 하락장下落場이고 금 없는 금방이다

뉴 노멀

기해년 중국 우한 한 사람 재채기로
경자년 빗장 걸고 일상을 바꿨네
신축년 새해 아침에 휴대폰에 절했다

물레눈

사냥꾼 남의 숲에 슬며시 들어가
커다란 새 한 마리 숨 죽여 겨냥한다
주변에 눈치 빠른 새 잽싸게 도망간다

그 새는
모른 채 사마귀만 노려보고
사마귀는
눈앞에 개미만 뚫어지게 본다
주인은
불법 침입자를 조용히 쏘아본다

추억, 휴대폰 사진첩

내가 간직한 순간을 그는 지울 수 있고

그가 가진 것을 난 휴지통에 넣기도 하고

때로는 보정도 하면서 진실보다 높이 짓는다

모래알
— 수많은 사람들

희디흰 아우성 안고 밀려오는 리듬에

조그만
가슴으로도 서핑을 시작한다

파도를 거스르지 마라
물거품이 네 적이다

2022. 4. 25. 0시

드디어
영화관에서 팝콘이 터진다
자유롭게 폭죽을 터트리며 즐거워한다
팝콘은 팝콘이 아니다
부활이다
행복이다

자아도취

눈들을 피한다며
자기 눈을 가렸지

오가는 눈동자들
수군수군 바쁘다

단번에 시선 잡았어
속마음이 보이네

자존심

가차 없이 구겨져
시궁창에 버렸다

쓰디쓴 가시 눈물이 목울대를 넘어오고

온몸을

꽉 조여올 때

정수리가 뜨겁다

보시를 인수분해하다

목에 걸린 낚싯바늘 답답하고 고통스럽다

수시로 미늘을 잡아당길 때마다

처참히 끌려가는 서글픔

눈동자만 커진다

해

잠이 깬 아침마다 처녀성을 되찾고

어제 뭘 했는지 회상하지 않으며

내일은 뭘 해야 할까 초조해하지 않는다

제4부

서초역 예수님

비의 빛 가슴에 흠뻑 젖어 마음 열고
날리는 송홧가루 오솔길 걸어가면
갓 쓰고 두루마기 입은 예수님 만날 수 있다

바람을 만지거나 본 사람은 없지만
실제 거기에 존재하는 믿음이 있어
혹시나, 만날 수 있나 그곳에 나는 간다

해후

제우스 힘을 다해 대지로 내려오고
숨이 막힌 아내는 한껏 웃으며 맞이한다
내뿜는 소나무 입김 그 입술에 취한다

어느날 갑자기
— 영진이와 동진이를 위하여

매서운 흰 눈보라 뿌옇게 눈앞 가릴 때

순식간에 흩어진
벌거벗은 나무 두 그루

눈부신 비취빛 강물
손끝이 시리다

UP

가볍고 청량하고
달면서 쌉싸름하고

맑으면서 톡 쏘는
아페롤 스프리츠

발끝이 가벼워지는 오렌지빛 이슬 같은

비원悲願

호수 위 고상한 수련 우아한 수조 떼

백학 날고
푸른 하늘에 흰 구름 투명한 정기

수가사繡袈裟* 번뇌를 더듬는다
그 찬란함 누구일까

* 수를 놓은 가사. 원래 가사는 죽은 사람의 옷 1백 8장을 모아 만든 것이었으나, 후에는 상징적인 의미만 띠게 됨. 부처님이 입었다는 금란가사(金襴袈裟)를 모방하여 가사의 조각조각에 금색 실로 수를 놓아서 고승에게 내리기도 한다(『한국고전용어사전』).

분노

포탄이 터지듯 뿜어내는 후끈한 향
아리고 매운맛 싸구려 쑤안라펀
혀에서 입천장 위장까지 확 뒤집어놓는

사랑

시간은 날아가고 때론 기어가기도 했지

얼마나 멀리 왔는지
이제 되돌아갈 수 없어
지금 어디에 와 있는지
꼼짝 못하고 있어

오 길고 막다른 길로의 험한 죽음의 여행

후원 後園

갇혀진 젊음을 남몰래 버리던 곳
숫눈이 괴석들과 마른 꽃가지 덮고
한밤 내 별당 창가에는 촛불이 너울거린다

항아리

행주질 많이 받은 놈 윤기 더하기 마련
소리 없는 즐거움을 히죽이 표시한다
때로는 시무룩하고 즐거워할 줄도 안다

슬플 때 바라보면 초근히 젖어 보이고
주인의 얼굴을 가슴 위에 비춘 채
기쁠 땐 마음이 부풀어 시냥고냥 미소 짓는다

해묵은 놈일수록 은근하고 점잖다
가까이 다가가면 정겨운 외할머니
아직도 뒤뜰 볕 바른 곳 정갈하게 앉아 계신다

새벽 백련암

이슬 품은 아침 햇살 받으며 묵묵히 서서
불경을 펴든 하늘 우러르는 젊은 비구니
한 토막,
고요와 청순
하루가 평안하겠다

산사를 깨우는 청아한 목탁 소리에
석등 위 묵은 이끼 파랗게 살아나고
노송의
검푸른 줄기가
가지 뻗어 합장한다

삼엽문 매병

이끼를 머금은 검푸른 바위 살결
둥글고 풍요한 어깨, 앙다물고 솟은 입
아직도
돋을무늬 안고 파문을 일으킨다

고개를 숙이다

막걸리 한 통 들고 선산을 찾았다
방축리 방죽에 새 한 마리 맴돌다가
잔 속에
나뭇잎 하나
떨구고 날아간다

무엇을 남기고 오겠냐 물으신다
돌아서는 남편 등 뒤로 햇살이 부드럽다
들녘에
벼 이삭들이
고개 숙이고 있다

연

아름드리 은행나무 속살에 안긴 능소화라니

세월을 자질하며 사랑을 키우고
희로애락 곰삭혀 수더분한 한 쌍이 된

어떻게 그런 인연 올까
연리지를 만져본다

무한無限

한계를 가진
생명들
시간을
지워간다

묵념처럼
볼 수 없는
흐르는
흐르지 않는

덩그렁
바람이 깨우는
실수에
눈을 뜬다

■해설

묘사와 상징, 새로움과 가락 사이의 시

이지엽

경기대 교수·시인

한복결 시인의 작품은 수수하면서도 깊이가 있다. 시적 대상에 대해 시인은 "하늘과 바다 사이 한몸 같은/수평선"(「원고지」)의 시적 대상을 바라보면서 생각을 이어나간다. 끊임없는 바라보기와 수많은 전전반측의 생각하기를 통해서 이루어지는 시 한 편의 결실을 시인은 누구보다 소중하게 여긴다. 이 질기고 반듯한 수평선은 바다와 같은 깊음을 내포하면서도 하늘로 비상하고자 하는 의지를 지녔다.

1. 돌의 상징성과 교감

한복결 시인에게 돌을 소재로 한 작품이 몇 편 있다. 시적 화자에게 돌은 일반의 돌이 아니다. 돌은 의미를 확대하거나 상징화되어 복합적인 심상으로 다가오기도 한다.

물살 위에 은빛 윤슬
옥시글대는 노래 듣다가

지금은 어둠 속
들뜬 이들 다스리지

세상의 날개와 구름
눌러주고
죽여주고

―「누름돌」 전문

그 돌은 은연자중隱然自重하는 자세를 가르치는 돌이다. 그러나 처음부터 그런 것은 아니다. 처음에 그 돌은 "물살 위에 은빛 윤슬/ 옥시글대는 노래 듣는" 돌이었다. 밝고 맑고 아름다운 것만 추구하는 돌이었다. 그러나 그런 돌은 있으나마나 한 돌이었다. 말하자면 존재감이 없는 돌이었다. 그 돌로 있다가 어느 날 선택이 되어 항아리 속 고추장아찌를 누르는 돌이 되었다. 장아찌는 누르는 돌이 아니면 제대로 맛이 들지 않고 쉽게 상하게 된다. 필수적으로 누름돌이 필요한 것이다. "들뜬" 것을 "다스리"는 존재의 돌은 얼마나 절실한 것인가. "세상의 날개와 구름"의 가볍고 단순한 존재를 "눌러주고/죽여주"면서 더 가치 있고 의미 있는 무거운 존재로 만들어주는 역할을 하고 있는 것이다.

코도 없고 입도 없는
못생긴 돌들의 괴괴한 자태

돌의 마음을 이해하고
돌에서 배우고
돌과 대화하고
돌을 사랑하고
돌을 외경하고

드디어 돌 앞에 무릎 꿇고 절을 하게 된다

―「적寂」 전문

    돌이 일곱 번 반복된다. 반복되면서 돌은 돌이면서 돌 너머의 것이 된다. 상징이 되고 있는 것이다. 천양희 시인은 일찍이 「구르는 돌은 둥글다」라는 작품을 통해 "구르는 것들이 더 무섭다 돌도 한자리/ 못 앉아 구를 때 깊이 잠긴다 물 먹은/ 속이 돌보다 단단해 돌을 던지며/ 돌을 맞으며 사는 게 삶이다 돌을/ 맞아본 사람들은 안다 물을 삼킨 듯/ 단단해진 돌들 돌은 언제나 뒤에서/ 날아온다 날아라 돌아, 내 너를 힘껏 던지고야 말겠다"라고 하며 무려 10번이나 반복되는 돌의 반복을 보여주었다. 물론 돌은 반복되면서 어휘 너머의 것을 독자들에게 생각하게 만든다. '돌'은 이 시대의 돌임과 동시에 폭력의 세력이고, 상처와 죽음의 돌임을 보여준다.

    여기의 돌도 그렇다. "코도 없고 입도 없는/ 못생긴" 존재들이지만 그러나 자세히 보면 돌 하나마다 마음이 있다. 그래서 돌을 이해하게 되고 돌에서 배우게 되는 것이다. 친구처럼 대화하게 되고 연인처럼 사랑하게 되고, 두렵고 어려운 존재가 되어 외경하게 된다. 마침내 돌 앞에 무릎 꿇고 절을 하게 된다. 이쯤 되면 돌은 신앙이고 절대자가 된다. 아주 비천한 것에서부터 가장 고결한 것까지 나아가는 단계가 여기 놓여 있다. 그래서 그것이 "적寂"이라는 것이다. "寂"은 두 가지 의미를 지닌다. 하나는 "고요하다"는 것이다. 돌 앞에서 무슨 말이 필요한가. 일체를 잠재우고 침묵하는 묵언의 돌. 두 번째는 "평온하다"는 것이다. 어떠한 미동에도 흔들리지 않는 잠잠함이 돌에는 있다.

> 범영루 발밑에 돌각담 숨소리에
> 돌아보니 지지리 못생긴 크고 작은 돌
> 의좋게 꼬옥 껴안고 주거니 받거니
>
> 창창한 송림에선 바람 없는 솔바람 소리
> 이었다 끊겼다 탑돌이 하고 있는데
> 달빛은 석가탑 보며 아사녀에게 속삭이네
> ―「돌의 대화」 전문

　시적 화자는 돌들이 하는 대화를 엿듣는다. "지지리 못생긴 크고 작은 돌/ 의좋게 꼬옥 껴안고 주거니 받거니" 나누는 대화가 정겹기만 하다. 돌들끼리만 대화하는 것이 아니라 바람과 돌이, 달과 돌이 나누는 대화는 더 격조가 있다. 바람이 돌과 나누는 대화는 "이었다 끊겼다 탑돌이 하고 있는" 소리이고 달빛과 돌의 대화는 못 이룬 아사달과 아사녀의 애진한 사랑 이야기다.

끝없이 밀려온다 하얀 포말 꼬리 물고

서서 오고 깨금발로 오고, 두 팔 벌려 오고 손에 손잡고 오고 하얀 수건 뒤집어쓰고 다 줄 것처럼 달려와, 쏴아악 가쁜 숨 뿌리며 모래 위에 꽃 피우고 매섭게 때리고는 달아난다 멀거니 시치미 뗀다

서럽다,
상처 난 바위는 늘, 따라가지 못해서
—「바위의 사랑」 전문

파도와 바위의 관계는 상당히 일방적인 관계처럼 보인다. 파도가 와서 바위에게 칭얼대기도 하고 뺨을 때리기도 한다. 생각해보면 바위만 아픈 것이 아니라 파도도 아플 것이다. 그러나 바위가 아파 보이는 것은 파도는 한번 스쳐 가지만 바위는 모든 파도를 견뎌야 하기 때문이다. 바닷가 바위는 아플 수밖에 없는 운명을 가진 존재다. 이 존재가 그냥 바위로 읽히는 것이 아니라 시적 화자로 읽히기도 한다. 시적 화자는 곧 "상처 난 바위"다. 바위는 고정되어서 파도를 따라가지 못한다. "다 줄 것처럼 달려와"도 따라가지 못하니 허사가 되고 만다. 그런 바위의 사랑을 가졌음을 시적 화자는 고백한다. 이 사랑의 내면을 읽을 수 있는 작품에서 우리는 시적 화자의 시쓰기 고뇌를 읽을 수 있다.

2. 바라보기와 생각하기 사이의 詩

한참을
　기웃거리던
　공방에 취직했다

　수많은 원석에 묻혀 나도 돌이 되고 있다

　수수한
　보석을 찾아
　하나뿐인
　세공을 위해

─「글공방」 전문

　"수많은 원석에 묻혀 나도 돌이 되고 있다"는 구절을 통해 읽을 수 있는 것은 글공방에 입문해서 "수수한 /보석을 찾아 / 하나뿐인/ 세공을"하고 있다는 것이다. 이것이 사랑이 아니고 무엇이랴. 말하자면 시인의 시쓰기는 수많은 원석에 묻혀 돌이 되는 과정이라 할 수 있고, 그러니 다소 일방적인 파도의 몸을 깎는 수행도 묵묵히 견뎌야하는 것이리라.

　방황은
　배가 되어 항해를 준비했다

　하늘과 바다 사이 한몸 같은
　수평선

　칸칸에

상처와 사랑
다 담을 수 있겠다

—「원고지」 전문

수많은 언어가 날아와 타이핑하듯

바람과 하나 되어
일렁이는 물의 살결

꼭짓점
잡고 일으키며
표절하고 모방한다

—「시어」 전문

그러기에 시적 화자의 많은 작품은 원고지 칸칸이 메울 시어를 찾아 분주히 움직인다. "꼭짓점/ 잡고 일으키며/ 표절하고 모방한다". 표절이나 모방은 창작과정의 한 부분임은 말할 것도 없다. 기상의 새로운 창조는 모방을 수없이 모방한 것일 수 있기 때문에 시적 화자는 "하늘과 바다 사이 한몸 같은/ 수평선"을 바라보면서 생각을 이어나간다. 그런 의미에서 시적 화자는 창작이라는 행위가 이러한 끊임없는 바라보기와 수많은 전전반측의 생각하기를 통해서 이루어지는 결실임을 너무 잘 알고 있다.

11월 가을 소리 빗소리에 젖는 운치
낙엽을 즈려밟고 뜰 앞에 선 슬픔이여

부연 끝 하늘로 향한 두 귀 사뿐히 들고 있다
　　　　　　　　　　　　　─「하늘 향한 두 귀」 전문

　　목에 걸린 낚싯바늘 답답하고 고통스럽다

　　수시로 미늘을 잡아당길 때마다

　　처참히 끌려가는 서글픔

　　눈동자만 커진다
　　　　　　　　　　　　　─「보시를 인수분해하다」 전문

　시인의 작품은 섬세한 서정과 세밀한 묘사가 두드러지는 특징을 보여준다. 「하늘 향한 두 귀」는 부연을 묘사한 것인데, "빗소리에 젖는 운치"와 즈려밟는 낙엽 소리가 마치 귀에 들릴 듯 잡혀온다. 「보시를 인수분해하다」는 "목에 걸린 낚싯바늘"처럼 "답답하고 고통스러운" 서글픔을 세밀하게 그려냈다. 잡아챌 때마다 움찔해지는 서글픔을 인수분해하듯 포착해내고 있는 것이다.

　　사냥꾼 남의 숲에 슬며시 들어가
　　커다란 새 한 마리 숨 죽여 겨냥한다
　　주변에 눈치 빠른 새 잽싸게 도망간다

　　그 새는
　　모른 채 사마귀만 노려보고

사마귀는
눈앞에 개미만 뚫어지게 본다
주인은
불법 침입자를 조용히 쏘아본다

―「물레눈」 전문

시인의 바라보기가 압권인 작품은 역시「물레눈」이다. 우리는 어떤 대상에 몰두하면 그 바깥을 보기 어렵다. 관심이 갖는 대상에게만 집중하기 때문이다. 사냥꾼→새→사마귀→개미→주인으로 이어지는 고리를 통해 시적 화자는 모순과 아집에 찬 현대의 병리 현상을 간명하게 보여준다. 우리는 어디를 보고 있는 것인가라는 질문을 스스로에게 던져볼 필요가 있다고 생각된다.

3. 묘사의 구체성과 새로움에 대한 도전

1.
비로소 잃었던 시력을 찾았다
멎었던 심장에 피가 돌기 시작하며
뭉근한 체온을 안고 모든 세포 리셋되었다

2.
갑자기 아무것도 보이지 않더니
피가 멈추었고 세상이 바뀌고
시어詩語가 모두 방전됐다 아뜩해진다

―「썸」 전문

사람은 살아가면서 아주 새로운 경지를 맛보기도 하고 아주 황당하게도 아뜩해지는 경우를 경험하기도 한다. 「썸」은 이러한 심경의 변화를 잘 포착한 작품이다. "리셋"이나 "방전" 등의 비교적 낯선 시어들이 잘 용해되어 쓰이고 있다. 쉽게 소재로 택하지 않은 내용을 과감하게 잡아내고 있어 시인의 새로움을 추구하는 도전정신을 읽을 수 있다. 이러한 새로움에 대한 묘사 정신은 다음의 작품에서도 잘 드러난다.

> 포탄이 터지듯 뿜어내는 후끈한 향
> 아리고 매운맛 싸구려 쑤안라펀
> 혀에서 입천장 위장까지 확 뒤집어놓는
>
> ―「분노」 전문

추상적인 관념인 "분노"를 "아리고 매운맛 싸구려 쑤안라펀"이라는 음식의 묘사를 통해 그려낸다. 이미지를 형상화하는 기법의 내공이 만만치 않게 느껴진다. 이미지란 추상의 관념을 육화肉化하는 작업이라고 할 수 있다. 그 몸을 만들 때 얼마만큼 구체적이고 생생하고 사실적인가가 관건이 된다. 그런데 "쑤안라펀"이라는 음식의 특질을 잘 묘파해냄으로써 이점을 가볍게 넘어서고 있다. "혀에서 입천장 위장까지 확 뒤집어놓는" "아리고 매운맛"은 너무 구체적이어서 먹어보지 못한 사람도 어떤 맛이라는 것을 충분히 체감할 수 있다. 그런데 "싸구려"라는 표현도 단순이 이 "쑤안라펀"이 저렴한 것이라는 것에 그치지 않고 "분노"라는 감정이 '인내'나

'절제'와는 달리 즉흥적이고 정제되지 않는 감정이라는 것을 웅변하고 있다고 볼 수 있다.

잠이 깬 아침마다 처녀성을 되찾고

어제 뭘 했는지 회상하지 않으며

내일은 뭘 해야 할까 초조해하지 않는다
―「해」 전문

전자의 작품에 비해 이 작품은 구체적이지 않다. 오히려 추상적이다. 무슨 이유에서인가. 전자의 작품 「분노」가 추상적이라면 여기의 「해」는 구상적이다. 「분노」라는 감정은 사람에게 보이지 않고 사람마다 달라서 이를 독자들에게 보여주기 위해서 구체적인 묘사가 필수적이지만, 「해」는 사람마다 구체적 이미지를 가지고 있어서 아주 신선하지 않고는 성공하기 힘들다. '책상'을 '의자'로 그려낼 수 없듯이 '해'를 '달'이나 '별'로 그릴 수 없다. 오히려 구체적인 단어보다는 "처녀성"이나 "회상", "초조"들의 추상적 시어들이 더 효과적이다.

가차 없이 구겨져
시궁창에 버렸다

쓰디쓴 가시 눈물이 목울대를 넘어오고

온몸을

꽉 조여올 때

정수리가 뜨겁다
―「자존심」 전문

아마 '자존심'을 보이지 않는 존재로만 인식한다면 결코 구겨서 시궁창에 버릴 수 없을 것이다. 느끼고 움직이는 생명의 존재로 인식할 때 그것은 "목울대를 넘어" 오기도 하고 "온몸을/ 꽉 조여"오기도 한다.

밝은 창가 수틀마다 오색비단실 올올이
무수한 갈등과 정념의 바늘 꽂는 순간
서리꽃 얼룩진 자리 순결이 스치고

담 넘어 솟아난 자줏빛 괴석들은
들판의 말갈기가 남겨준 우상일까
강 건너 언덕을 넘어 보랏빛 바람 인다
―「사랑」 전문

'사랑'을 인식하는 과정에 유의해보면 첫 수는 "밝은 창가 수틀→ 오색비단실 → 갈등과 바늘 → 순결이 스치는 자리"로 구체화되고 있으며 둘째 수는 "자줏빛 괴석→ 들판의 말갈기→ 강 건너 보랏빛 바람"으로 전개되면서 구체적 심상을 포착해낸다.

「자존심」과 「사랑」이라는 두 작품은 추상적 소재를 대상으로 이를 구체화하는 방법이 각기 다르다는 점에 우리는 주목하지 않을 수 없다. 하나는 시적 대상 자체를 움직이는 생명의 존재로 인식하는 것이고, 다른 하나는 시적 대상으로 접근하는 사물들에게 활기를 불어넣어 물활론적인 존재로 형상화하는 방법이라고 볼 수 있을 것이다. 시적 화자는 이미 어쨌거나 이러한 방법을 잘 활용하여 창작하고 있으니 놀라운 일이 아닐 수 없다.

4. 사설 가락의 유연성과 낭창거림의 미학

한낮을 채우던 상춘객 돌아간 봄밤

을축년 대홍수도 비껴간 사암 누가 남아 있어 그의 뜻을 받을 건가 받을 것인가, 여보게 달을 보고 술을 마시고 싶으면 달이 뜬 오늘 밤을 놓치지 말게 담장 아래 진심 어린 수국에 달빛이 내려앉고

유적지 풀벌레 소리 한서선漢書選을 펴든다
― 「마재마을 봄밤」 전문

초장과 종장은 정격이고 중장이 길어진 사설시조다. 중장을 구분해보면 이렇다.

첫 마디 : 을축년 대홍수도 비껴간 사암

둘째 마디 : 누가 남아 있어 그의 뜻을 받을 건가 받을 것인가,
셋째 마디 : 여보게 달을 보고 술을 마시고 싶으면 달이 뜬 오늘 밤을
            놓치지 말게
넷째 마디 : 담장 아래 진심어린 수국에 달빛이 내려앉고

반복-열거-절정의 기법과 장단완급의 묘미를 살리고 있다. 사암은 다산의 자찬묘지명의 호로 훗날 자신의 뜻에 공감해주기를 기다린다는 뜻을 담고 있다. 정조는 신하 사랑의 뜻으로 "한서선漢書選"을 보냈지만 이내 서거함으로써 안타까움을 더하였는데 "여보게 달을 보고 술을 마시고 싶으면 달이 뜬 오늘 밤을 놓치지 말"라는 다산의 시가 운치를 돋운다.

  꽃가지 어우러지는 짙은 봄날의 한때

  몸종은 술병을 쟁반에 받쳐 들고
  엉거주춤 머뭇거리고
  꼭 닫힌 별당 안에서는 으밀아밀
  달 뜨는지 별 뜨는지 홍야홍야

  댓돌 위
  고운 신 하나
  흐트러진
  신 하나

―「밀회」 전문

이 작품 역시 사설시조로 초장과 종장은 정격이고 중장이 길어져 있다. 중장의 배열은 마디별로 구분하여 4마디임을 보여주고 있다. 행 가름은 호흡의 마디를 나누는 역할을 하기 때문에 함부로 나누어서는 안 된다. 부제로 보아 "신윤복의 〈四時長春〉"이란 그림을 보고 이를 모티브로 남녀 간의 은밀한 사랑을 잡아내고 있다. 중장의 3구에서 4구로 이어지는 여음구에서 가락의 유연함을 십분 활용하여 낭창낭창한 분위기를 연출하고 있다.

사설시조가 아님에도 유연한 가락과 낭창거리는 여유가 느껴지는 작품이 있다.

> 행주질 많이 받은 놈 윤기 더하기 마련
> 소리 없는 즐거움을 히죽이 표시한다
> 때로는 시무룩하고 즐거워할 줄도 안다
>
> 슬플 때 바라보면 초근히 젖어 보이고
> 주인의 얼굴을 가슴 위에 비춘 채
> 기쁠 땐 마음이 부풀어 시냥고냥 미소 짓는다
>
> 해묵은 놈일수록 은근하고 점잖다
> 가까이 다가가면 정겨운 외할머니
> 아직도 뒤뜰 볕 바른 곳 정갈하게 앉아 계신다
>
> ―「항아리」 전문

시적 화자의 시적 특질을 가장 잘 보여주는 작품이라고 볼 수 있다. 첫 수와 둘째 수에서는 항아리 일반적인 모습을 그렸다. 사람의 손길이 자주 가는 항아리가 윤기 있다고 보는 것은 쉽게 포착할만한 것 같지만 내밀하게 보지 않으면 보이지 않는다. "슬플 때 바라보면 초근히 젖어 보이고" "기쁠 땐 마음이 부풀어 시냥고냥 미소 짓는다"고 본 것도 무표정한 물상에 표정을 담는 효과적인 묘사라 볼 수 있다. 중요한 것은 셋째 수에서 이 항아리를 "외할머니"로 비유하는 것이 일품이라는 사실이다. 그래서 항아리가 있는 뒤뜰 볕 바른 곳에 정갈하게 앉아 계시는 모습으로 확대 변용함으로써 시적 감동을 확보하고 있다.

우리는 지금까지 한복결 시인의 묘사와 상징, 새로움과 가락 사이 나타난 시詩에 대해 살펴보았다. 끊임없는 바라보기와 수많은 전전반측의 생각하기를 통해서 한 편 한 편 착실하고 정직하게 시창작을 하는 시인의 자세는 바람직하다. 이러한 경건함과 올곧음을 잘 지켜나가길 진심으로 바란다.

한복결
2022년 ≪시조시학≫ 등단. 경기대학교 한류문화대학원 시조창작전공 석사.

고요아침 운문정신 060

천연스럽게

초판 1쇄 발행일 · 2022년 07월 27일

지은이 | 한복결
펴낸이 | 노정자
펴낸곳 | 도서출판 고요아침
편　집 | 김남규

출판 등록 2002년 8월 1일 제 1-3094호
03678 서울시 서대문구 증가로 29길 12-27, 102호
전화 | 302-3194~5
팩스 | 302-3198
E-mail | goyoachim@hanmail.net
홈페이지 | www.goyoachim.net

ISBN 979-11-6724-088-0(04810)

*책 가격은 뒤표지에 표시되어 있습니다.
*지은이와 협의에 의해 인지는 생략합니다.
*잘못된 책은 교환해 드립니다.

ⓒ한복결, 2022